Von Der Macht Des Gemüths Durch Den Blossen Vorsatz Seiner Krankhaften Gefühle Meister Zu Seyn. 2E, Verbesserte Und Vermehrte Aufl., Herausg. Von C.W. Hufeland

Immanuel Kant

J. Kant

von

der Macht des Gemüths

durch den bloßen Vorsatz seiner
krankhaften Gefühle Meister
zu seyn

herausgegeben
und mit Anmerkungen versehen
von

C. W. Hufeland,

Königl. Preuß. Staatsrath und Leibarzt.

Zweyte verbesserte und vermehrte Auflage.

Leipzig 1824,
bey Wilhelm Lauffer

Dem Hochverehrten

Arzt und Schriftsteller

dem

seit funfzig Jahren

durch Wort und That

um die Menschheit Hochverdienten

dem

edlen Manne

von Geist und Herzen

Herrn

Dr. Jac. Christ. Gottl. Schäffer sen.

Hochfürstl. Thurn und Tarischen Leibarzt und Geheimen Rath,
Ritter des Civil-Verdienstordens der Baierschen Krone

am 16. Julius 1824

zur Feier

seines funfzigjährigen Doctor - Jubileums

mit dem Gefühl

der aufrichtigsten Theilnahme,

Freundschaft und Verehrung

gewidmet

von

dem Herausgeber.

Vorwort
des Herausgebers.

Der Geist allein lebt — Das Leben des Geistes allein ist wahres Leben.

Das Leben des Leibes muß jenem immer untergeordnet und von ihm beherrscht werden, nicht umgekehrt der Geist sich den Launen, Stimmungen und Trieben des Körpers unterordnen, wenn das wahre Leben erhalten werden soll.

Diese große Wahrheit wurde von jeher von den Weisesten dieser Welt als der Grundpfeiler aller Sittlichkeit, aller Tu-

gend, aller Religion, genug alles deſſen,
was groß und göttlich iſt im Menſchen,
und ſonach auch aller wahren Glückſe-
ligkeit, betrachtet und gepredigt.

Sie kann aber nicht oft genug wie-
derholt werden, da es dem natürlichen
Menſchen immer näher liegt und beque-
mer iſt, leiblich zu leben als geiſtig,
noch mehr, wenn, wie in den neueſten
Zeiten geſchehen, ſelbſt die Philoſophie,
ſonſt die Trägerin des geiſtigen Lebens,
in dem Identitäts-Syſtem den Unterſchied
zwiſchen Geiſt und Körper ganz aufhebt,
und ſowohl Philoſophen als Aerzte die
Abhängigkeit des Geiſtes von dem Körper dergeſtalt in Schutz nehmen, daß
ſie ſelbſt alle Verbrechen damit entſchul-
digen, Unfreiheit der Seele als ihre
Quelle darſtellen, und es bald dahin ge-
kommen ſeyn wird, daß man gar nichts
mehr Verbrechen nennen kann.

Aber wohin führt diese Ansicht? — Ist sie nicht geradezu göttlichen und menschlichen Gesetzen entgegen, die ja auf jene Grundlage gebaut sind? — Führt sie nicht zum gröbsten Materialismus? Vernichtet sie nicht alle Moralität, alle Kraft der Tugend, die eben in dem Leben der Idee und ihrer Herrschaft über das Leibliche besteht? — Und somit alle wahre Freiheit, Selbstständigkeit, Selbstbeherrschung, Selbstaufopferung, genug das Höchste, was der Mensch erreichen kann: den Sieg über sich selbst?

Ewig wahr bleibt das Sinnbild, den Menschen als den Reiter eines wilden Pferdes sich zu denken; einen vernünftigen Geist mit einem Thiere vereinigt, das ihn tragen und mit der Erde verbinden, aber von ihm nun wiederum geleitet und regiert werden soll. — Es zeigt die Aufgabe seines ganzen Lebens,

Besteht sie nicht darinn, diese Thierheit in ihm zu bekämpfen und der höheren Macht unterzuordnen? Nur dadurch, daß er sich dies Thier unterwirft und sich möglichst unabhängig davon macht, wird sein Leben regelmäßig, vernünftig, sittlich, und so nur wahrhaft glücklich. Läßt er dem Thier die Oberhand, so geht es mit ihm durch, und er wird ein Spiel seiner Launen und Sprünge — bis zum tödlichen Sturze.

Aber nicht blos für das höhere geistige Leben und dessen Gesundheit bedarf es dieser physischen Selbstbeherrschung, sondern sie dient eben so sehr zur Erhaltung und Vervollkommnung des physischen Lebens und dessen Gesundheit, und wird dadurch eins der wichtigsten Diät- und Heilmittel.

Wir wollen keinesweges den Einfluß des Leiblichen auf das Geistige leug-

nen. Aber eben so auffallend, ja noch
größer ist die psychische Macht des Geistes über das Leibliche. Sie kann Krankheiten erregen und heilen. Ja sie kann
tödten und lebendig machen. Sehen wir
nicht sehr häufig durch Schrecken und andere Leidenschaften, also durch geistigen
Einfluß, Epilepsie, Ohnmachten, Läh-
mungen, Blutflüsse und eine Menge andere Krankheiten, ja den Tod selbst, ent-
stehen? — Und woran stirbt ein solcher
Mensch? Lediglich an einer gewaltsamen,
dem Blitzstrahl ähnlichen, Einwirkung
des Geistes in den Körper. — Wie oft
sind nicht die schwersten Krankheiten
durch nichts anders geheilt worden, als
durch Freude, Erhebung und Erweckung
des Geistes! Der lange an der Zunge ge-
lähmte Sohn des Crösus bekommt die
Sprache wieder, als man seinen Vater
ermorden will. Pinel sah, daß bei der

allgemeinen leidenschaftlichen Aufregung,
die die französische Revolution hervor-
brachte, eine Menge seit Jahren kränk-
licher und schwächlicher Menschen gesund
und stark wurden, und besonders die ge-
wöhnlichen Nervenübel der vornehmen
und müßigen Stände ganz verschwan-
den. — Ja ich sage nicht zuviel, wenn
ich behaupte, daß der größte Theil unsrer langwierigen Nerven-Krankheiten
und sogenannten Krämpfe gar nichts
anders ist, als Trägheit und Passivität
des Geistes, die Folge des schlaffen
Hingebens an körperliche Gefühle und
Einflüsse.

Wer kann leugnen, daß es Wun-
der und Wunderheilungen giebt? —
Aber was sind sie anders als Wirkungen des festen Glaubens entweder an
himmlische Kräfte, oder auch an irdische,
und folglich Wirkungen des Geistes?

Jedermann kennt die Kraft der Imagination. Niemand zweifelt daran, daß es eingebildete Krankheiten giebt, und daß eine Menge Menschen an nichts anders krank sind, als an der Krankheitseinbildung. Ist es nun aber nicht eben so gut möglich und unendlich besser, sich einzubilden, gesund zu seyn? Und wird man nicht dadurch eben so gut seine Gesundheit stärken und erhalten können, als durch das Gegentheil die Krankheit?

Als ein Beitrag zu dieser wichtigen Lehre und als Beförderungsmittel der Herrschaft und Heilkraft des Geistes über den Körper, mögen auch folgende Worte Kants, die letzten, die dieser große Geist zu uns gesprochen, dienen. Er schrieb sie auf meine Veranlassung vor 30 Jahren, wo sie in meinem Journal der pract. Heilkunde abgedruckt wurden, und gern habe ich der Aufforderung des Herrn Verlegers zu einem neuen besondern Abdrucke gewillfähret, und sie mit einigen Bemerkungen versehen. Mögen sie ihren Zweck erreichen!

Berlin im May 1824.

C. W. Hufeland.

Von der Macht des Gemüths durch den bloßen Vorsatz seiner krankhaften Gefühle Meister zu seyn.

Ein Schreiben an Hrn. Professor Hufeland zu Jena im Jahr 1797*).

Daß meine Danksagung, für das den 12ten Dez. 1796 an mich bestellte Geschenk, Ihres lehrreichen und angenehmen Buchs „von der Kunst das menschliche Leben zu verlän=

---

*) Ich übersendete mein Buch Hrn. Prof. Kant, um ihm einen Beweiß der Verehrung zu geben, die gewiß jeder denkende Mensch diesem Weisen zollt, zugleich aber um ihn vielleicht zu veranlassen, über einige darin enthaltene und für das philoso= phische Tribunal gehörige Ideen nachzudenken, wo= durch ich unsrer Kunst zugleich einen Vortheil zu verschaffen hoffte. Ich freue mich ungemein, mei= nen Wunsch erfüllt zu sehen, und hier meinen Le=

gern" selbst auf ein langes Leben berechnet gewesen seyn dürfte, möchten Sie vielleicht aus dem Datum dieser meiner Antwort vom Januar dieses Jahres zu schließen Ursache haben; wenn das Altgewordenseyn nicht schon die öftere Vertagung (procrastinatio) wichtiger Beschlüsse bey sich führete, dergleichen doch wohl der des Todes ist, welcher sich immer zu früh für uns anmeldet, und den man warten zu lassen an Ausreden unerschöpflich ist.

seyn mehrere dadurch veranlaßte Ideen und Entwicklungen mittheilen zu können, die für jeden denkenden Arzt höchst interessant seyn müssen, und die zugleich über die individuelle geistige und körperliche Diätetik dieses großen Mannes sehr lehrreiche Notizen ertheilen. — Was einige für mich zu schmeichelhafte Ausdrücke darin betrifft, so bitte, ich zu bedenken, daß sie in einem an mich geschriebenen Briefe vorkommen, und ich hoffe dadurch jedem Vorwurf zu entgehen, der mir darüber gemacht werden könnte, daß ich sie stehen ließ, welches ich um so weniger verhindern konnte, da sonst der ganze Sinn hie und da verloren gegangen wäre, auch ich überdieß offenherzig gestehe, daß ich nicht ein Wort auszustreichen wage, was ein Kant geschrieben hat. H.

Sie verlangen von mir „ein Urtheil über
„Ihr Bestreben das Physische im Menschen mo-
„ralisch zu behandeln; den ganzen, auch phy-
„sischen, Menschen als ein auf Moralität be-
„rechnetes Wesen darzustellen, und die moralische
„Kultur als unentbehrlich zur physischen Vollen-
„dung der überall nur in der Anlage vorhande-
„nen Menschennatur zu zeigen, und setzen hinzu:
„wenigstens kann ich versichern, daß es keine vor-
„gefaßte Meynungen waren, sondern ich durch
„die Arbeit und Untersuchung selbst unwidersteh-
„lich in diese Behandlungsart hinein gezogen
„wurde." — — Eine solche Ansicht der Sache
verräth den Philosophen, nicht den bloßen Ver-
nunftkünstler; einen Mann, der nicht allein,
gleich einem der Directoren des Französischen
Convents, die von der Vernunft verordneten
Mittel der Ausführung (technisch), wie sie die
Erfahrung darbietet, zu seiner Heilkunde mit Geschicklichkeit, sondern, als gesetzgebendes Glied im
Corps der Aerzte, aus der reinen Vernunft her-
nimmt, welche zu dem, was hilft, mit Ge-

ſchicklichkeit, auch das, was zugleich an ſich Pflicht iſt, mit Weisheit zu verordnen weiß: ſo, daß moraliſch = practiſche Philoſophie zugleich eine Univerſalmedizin abgiebt, die zwar nicht Allen für Alles hilft, aber doch in keinem Rezepte mangeln kann.

Dieſes Univerſalmittel betrifft aber nur die Diätetik, d. i. es wirkt nur negativ, als Kunſt, Krankheiten abzuhalten. Dergleichen Kunſt aber ſetzt ein Vermögen voraus, das nur Philoſophie, oder der Geiſt derſelben, den man ſchlechthin vorausſetzen muß, geben kann. Auf dieſen bezieht ſich die oberſte diätetiſche Aufgabe, welche in dem Thema enthalten iſt:

Von der Macht des Gemüths des Menſchen über ſeine krankhafte Gefühle durch den bloßen feſten Vorſatz Meiſter zu ſeyn.

Die, die Möglichkeit dieſes Ausſpruchs beſtätigenden, Beyſpiele kann ich nicht von der Erfahrung Anderer hernehmen, ſondern zuerſt nur von der an mir ſelbſt angeſtellten; weil ſie aus dem Selbſtbewußtſeyn hervorgeht, und ſich nachher allererst Andere fragen läßt: ob es nicht auch sie eben so in sich wahrnehmen. — Ich sehe mich also genöthigt, mein Ich laut werden zu laſſen; was im dogmatiſchen Vortrage *) Unbeſcheidenheit verräth; aber Verzeihung verdient, wenn es nicht gemeine Erfahrung, ſondern ein inneres Experiment oder Beobachtung betrifft, welche ich zuerſt an mir ſelbſt angeſtellt haben muß, um etwas, was nicht jedermann von ſelbſt, und ohne darauf geführt zu ſeyn, beyfällt, zu ſeiner Beurtheilung vorzulegen. — Es würde tadelhafte Anmaßung ſeyn, Andere mit der inneren Geſchichte meines Gedankenſpiels unterhalten zu wollen, welche zwar ſubjective Wichtigkeit (für mich) aber keine objective (für jedermann geltende) enthielten. Wenn aber dieſes Aufmer-

*) Im dogmatiſch = practiſchen Vortrage, z. B. derjenigen Beobachtung ſeiner ſelbſt, die auf Pflichten abzweckt, die Jedermann angehen, ſpricht der Canzelredner nicht durch Ich, ſondern Wir. In dem erzählenden aber, der Privatempfindung (der Beichte, welche der Patient ſeinem Arzte ablegt), oder eigener Erfahrung an ſich ſelbſt, muß er durch Ich reden.

B

ken auf sich selbst und die daraus hervorgehende
Wahrnehmung nicht so gemein ist, sondern, daß
jeder dazu aufgefordert werde, eine Sache ist,
die es bedarf und verdient, so kann dieser Uebel=
stand mit seinen Privatempfindungen Andere zu
unterhalten wenigstens verziehen werden.

Ehe ich nun mit dem Resultat meiner, in
Absicht auf Diätetik angestellten, Selbstbeobach=
tung aufzutreten wage, muß ich noch etwas über
die Art bemerken, wie Herr Hufeland die
Aufgabe der Diätetik, d. i. der Kunst stellt,
Krankheiten vorzubeugen, im Gegensatz mit
der Terapeutik, sie zu heilen.

Sie heißt ihm „die Kunst das menschliche
Leben zu verlängern."

Er nimmt seine Benennung von demjeni=
gen her, was die Menschen am sehnsüchtigsten
wünschen, ob es gleich vielleicht weniger wün=
schenswerth seyn dürfte. Sie möchten zwar gern
zwey Wünsche zugleich thun: nämlich lange zu
leben und dabey gesund zu seyn; aber der
erstere Wunsch hat den letzteren nicht zur noth=

wendigen Bedingung: sondern er ist unbedingt.
Laßt den Hospitalkranken Jahre lang auf seinem
Lager leiden und darben und ihn oft wünschen
hören, daß ihn der Tod je eher, je lieber von
dieser Plage erlösen möge; glaubt ihm nicht, es
ist nicht sein Ernst. Seine Vernunft sagt es
ihm zwar vor, aber der Naturinstinct will es
anders. Wenn er dem Tode, als seinem Be-
freyer (Jovi liberatori), winkt, so verlangt er
doch immer noch eine kleine Frist und hat immer
irgend einen Vorwand zur Vertagung (procrastinatio) seines peremtorischen Decrets. Der
in wilder Entrüstung gefaßte Entschluß des
Selbstmörders, seinem Leben ein Ende zu
machen, macht hievon keine Ausnahme: denn er
ist die Wirkung eines bis zum Wahnsinn exal-
tirten Affects. — Unter den zwey Verheißungen
für die Befolgung der Kindespflicht — „auf daß
dir es wohlgehe und du lange lebest auf Erden" —
enthält die letztere die stärkere Triebfeder, selbst
im Urtheile der Vernunft, nämlich als Pflicht,
deren Beobachtung zugleich verdienstlich ist.

B 2

Die Pflicht das Alter zu ehren gründet
sich nämlich eigentlich nicht auf die billige Scho=
nung, die man den Jüngeren gegen die Schwach=
heit der Alten zumuthet: denn die ist kein Grund
zu einer ihnen schuldigen Achtung. Das Alter
will also noch für etwas Verdienstliches an=
gesehen werden; weil ihm eine Verehrung zu=
gestanden wird. Also, nicht etwa weil Nestor=
jahre zugleich durch viele und lange Erfahrung
erworbene Weisheit, zu Leitung der jüngeren
Welt, bey sich führen, sondern blos weil, wenn
nur keine Schande dasselbe befleckt hat, der
Mann, welcher sich so lange erhalten hat, d. i.
der Sterblichkeit, als dem demüthigendsten Aus=
spruch, der über ein vernünftiges Wesen nur ge=
fällt werden kann — „du bist Erde und sollst zur
Erde werden" — so lange hat ausweichen und
gleichsam der Unsterblichkeit hat abgewinnen kön=
nen, weil, sage ich, ein solcher Mann sich so
lange lebend erhalten und zum Beyspiel auf=
gestellt hat.

Mit der Gesundheit, als dem zweyten natürlichen Wunsche, ist es dagegen nur mißlich bewandt. Man kann sich gesund fühlen, (aus dem behaglichen Gefühl seines Lebens urtheilen) nie aber wissen, daß man gesund sey. — Jede Ursache des natürlichen Todes ist Krankheit: man mag sie ifühlen oder nicht. — Es giebt viele, von denen, ohne sie eben verspotten zu wollen, man sagt, daß sie für immer kränkeln, nie krank werden können; deren Diät ein immer wechseln= des Abschweifen und wieder Einbeugen ihrer Le= bensweise ist, und die es im Leben, wenn gleich nicht den Kraftäußerungen, doch der Länge nach, weit bringen. Wie viel aber meiner Freunde oder Bekannten habe ich nicht überlebt, die sich bey einer einmal angenommenen ordentlichen Le= bensart einer völligen Gesundheit rühmten: in= dessen daß der Keim des Todes (die Krankheit) der Entwickelung nahe, unbemerkt in ihnen lag, und der, welcher sich gesund fühlte, nicht wußte, daß er krank war; denn die Ursache eines natürlichen Todes kann man doch nicht anders als Krankheit nennen. Die Causalität aber kann man nicht fühlen, dazu gehört Verstand, dessen Urtheil irrig seyn kann, indessen daß das Gefühl untrüglich ist, aber nur dann, wenn man sich krankhaft fühlt, diesen Namen führt; fühlt man sich aber so auch nicht, doch gleichwohl in dem Menschen verborgenerweise und zur baldigen Entwickelung bereit liegen kann; daher der Mangel dieses Gefühls keinen andern Ausdruck des Menschen für sein Wohlbefinden verstattet, als daß er scheinbarlich gesund sey. Das lange Leben also, wenn man dahin zurücksieht, kann nur die genossene Gesundheit bezeugen, und die Diätetik wird vor allem in der Kunst das Leben zu verlängern (nicht es zu genießen) ihre Geschicklichkeit oder Wissenschaft zu beweisen haben: wie es auch Herr Hufeland so ausgedrückt haben will.

Grundsatz der Diätetik.

Auf Gemächlichkeit muß die Diätetik nicht berechnet werden; denn diese Schonung sei-

ner Kräfte und Gefühle ist Verzärtelung, d. i.
sie hat Schwäche und Kraftlosigkeit zur Folge
und ein allmähliges Erlöschen der Lebenskraft,
aus Mangel der Uebung; so wie eine Erschöpfung derselben durch zu häufigen und starken Gebrauch derselben. Der Stoizismus, als Prinzip der Diätetik (sustine et abstine), gehört also nicht blos zur practischen Philosophie, als Tugendlehre, sondern auch zu ihr
als Heilkunde. — Diese ist alsdann philoso-
phisch, wenn blos die Macht der Vernunft im
Menschen, über seine sinnlichen Gefühle durch
einen sich selbst gegebenen Grundsatz Meister zu
seyn, die Lebensweise bestimmt. Dagegen, wenn
sie diese Empfindungen zu erregen oder abzuweh-
ren die Hülfe außer sich in körperlichen Mitteln (der Apotheke, oder der Chirurgie) sucht, sie
blos empirisch und mechanisch ist.

Die Wärme, der Schlaf, die sorgfältige
Pflege des nicht Kranken sind solche Verwöh-
nungen der Gemächlichkeit.

1. Ich kann, der Erfahrung an mir selbst
gemäs, der Vorschrift nicht beystimmen: „man
soll Kopf und Füße warm halten *).“ Ich finde

*) Den Kopf warm zu halten, ist gewiß immer nach-
theilig, und die medizinische Regel ist eigentlich:
„den Kopf kühl und die Füße warm zu halten.“
Es bedarf daher diese Aeußerung des würdigen
Verfassers einige Berichtigung. Es ist allerdings
vollkommen wahr, daß, wenn wir unsere Füße
von Jugend auf eben so bloß trügen, wie unsere
Hände, Gesicht, und die Weiber auch den Hals
und die Brust, wir sie eben so gut gegen Kälte
und Witterung würden abhärten können, wie diese,
und Millionen von Menschen, welche barfuß lau-
fen, beweisen dieses. Da aber unser Klima und
unsere Lebensverhältnisse uns nicht erlauben, das
Bloßtragen immer fortzusetzen, sondern die Füße
bekleidet zu tragen gebieten, so entsteht dadurch
schon die Möglichkeit einer Erkältung, durch Weg-
lassung der gewohnten Bedeckung. Und da es nun
überdieß gar nicht zu leugnen ist, daß die Füße,
besonders der Unterfuß, in einer ganz besondern
antagonistischen Verbindung mit den oberen Theilen
stehen, so daß durch Erkältung, das heißt, Unter-
drückung der Hautthätigkeit, sehr leicht ein Krank-
heitsreiz auf Kopf, Brust und Unterleibseingeweide
reflectirt werden kann, so folgt allerdings daraus
die Nothwendigkeit, dieselben nicht sowohl warm,
sondern in einer gleichmäßigen Temperatur
zu halten.   H.

es dagegen gerathener beyde kalt zu halten (wozu die Russen auch die Brust zählen); gerade der Sorgfalt wegen, um mich nicht zu verkälten. — Es ist freylich gemächlicher im laulichen Wasser sich die Füße zu waschen, als es zur Winterszeit mit beynahe eiskaltem zu thun; dafür aber entgeht man dem Uebel der Erschlaffung der Blutgefäße in so weit vom Herzen entlegenen Theilen, welches im Alter oft eine nicht mehr zu hebende Krankheit der Füße nach sich zieht. — Den Bauch, vornemlich bey kalter Witterung, warm zu halten, möchte eher zur diätetischen Vorschrift statt der Gemächlichkeit gehören: weil er Gedärme in sich schließt, die einen langen Gang hindurch einen nicht flüssigen Stoff forttreiben sollen, wozu der sogenannte Schmachtriemen (ein breites, den Unterleib haltendes und die Muskeln desselben unterstützendes Band) bey Alten, aber eigentlich nicht der Wärme wegen, gehört.

2. Lange oder (wiederholentlich, durch Mittagsruhe) viel schlafen ist freylich eben

so viel Ersparniß am Ungemache, was überhaupt
das Leben im Wachen unvermeidlich bey sich
führt, und es ist wunderlich genug sich ein langes
Leben zu wünschen, um es größtentheils zu verschlafen. Aber das, worauf es hier eigentlich
ankömmt, dieses vermeynte Mittel des langen
Lebens, die Gemächlichkeit, widerspricht sich in
seiner Absicht selbst. Denn das wechselnde Erwachen und wieder Einschlummern in langen
Winternächten ist für das ganze Nervensystem
lähmend, zermalmend und in täuschender Ruhe
krafterschöpfend; mithin die Gemächlichkeit hier
eine Ursache der Verkürzung des Lebens. — Das
Bett ist das Nest einer Menge von Krankheiten.

3. Im Alter sich zu pflegen oder pflegen
zu lassen, blos um seine Kräfte, durch die Ver-
meidung der Ungemächlichkeit (z. B. des Ausge-
hens in schlimmen Wetter) oder überhaupt die
Uebertragung der Arbeit an Andere, die man
selbst verrichten könnte, zu schonen, so aber
das Leben zu verlängern, diese Sorgfalt bewirkt
gerade das Widerspiel, nämlich das frühe Alt-

werden und Verkürzung des Lebens. — — Auch
daß sehr alt geworbene mehrentheils ver=
ehelichte *) Personen gewesen wären, möchte
schwer zu beweisen seyn **). — In einigen Fa=
milien ist das Altwerden erblich, und die Paa=

*) Hierwieder möchte ich doch die Beobachtung an=
führen: daß unverehelichte (oder jung verwittwete)
alte Männer mehrentheils länger ein jugendliches
Aussehen erhalten, als verehelichte, welches doch
auf eine längere Lebensbauer zu deuten scheint. —
Sollten wohl die leztern an ihren härteren Gesichts=
zügen den Zustand eines getragenen Jochs (davon
conjugium), nämlich das frühere Altwerden verra=
then, welches auf ein kürzeres Lebensziel hindeutet?

**) Ich habe mich bey Aufstellung dieses Grundsazes
in meiner Makrobiotik blos durch die Erfahrung
leiten lassen. Es stießen mir bey meinen Nachfor=
schungen über das höchste Alter so viele Verheyrathete
auf, daß ich dadurch zuerst aufmerksam gemacht wurde.
Ich fand nemlich bey allen Alten einen sehr beträcht=
lichen Ueberschuß auf Seiten der Verheyratheten: von
den außerordentlich hohen Alten (d. h. 120 — 160
Jährigen) fand ich durchaus gar keinen unver=
heyrathet; ja sie hatten alle mehrmals und größ=
tentheils noch in den lezten Zeiten ihres Lebens ge=
heyrathet. Dieß allein bewog mich zu den Ver=
muthungen von Einfluß der Zeugungskraft und des
Ehestands aufs lange Leben, für die ich dann erst
die theoretischen Gründe aufsuchte.   H.

so viel Erſparniß am Ungemache, was überhaupt das Leben im Wachen unvermeidlich bey ſich führt, und es iſt wunderlich genug ſich ein langes Leben zu wünſchen, um es größtentheils zu ver= ſchlafen. Aber das, worauf es hier eigentlich ankömmt, dieſes vermeynte Mittel des langen Lebens, die Gemächlichkeit, widerſpricht ſich in ſeiner Abſicht ſelbſt. Denn das wechſelnde Er= wachen und wieder Einſchlummern in langen Winternächten iſt für das ganz Nervenſyſtem lähmend, zermalmend und in täuſchender Ruhe krafterſchöpfend; mithin die Gemächlichkeit hier eine Urſache der Verkürzung des Lebens. — Das Bett iſt das Neſt einer Menge von Krankheiten.

3. Im Alter ſich zu pflegen oder pflegen zu laſſen, blos um ſeine Kräfte, durch die Ver= meidung der Ungemächlichkeit (z. B. des Ausge= hens in ſchlimmen Wetter) oder überhaupt die Uebertragung der Arbeit an Andere, die man ſelbſt verrichten könnte, zu ſchonen, ſo aber das Leben zu verlängern, dieſe Sorgfalt bewirkt gerade das Widerſpiel, nämlich das frühe Alt=

werden und Verkürzung des Lebens. — — Auch
daß sehr alt gewordene mehrentheils verehelichte *) Personen gewesen wären, möchte
schwer zu beweisen seyn **). — In einigen Fa-
milien ist das Altwerden erblich, und die Paa-

*) Hierwieder möchte ich doch die Beobachtung an-
führen: daß unverehelichte (oder jung verwittwete)
alte Männer mehrentheils länger ein jugendliches
Aussehen erhalten, als verehelichte, welches doch
auf eine längere Lebensdauer zu deuten scheint. —
Sollten wohl die letztern an ihren härteren Gesichts-
zügen den Zustand eines getragenen Jochs (davon
conjugium), nämlich das frühere Altwerden verra-
then, welches auf ein kürzeres Lebensziel hindeutet?
**) Ich habe mich bey Aufstellung dieses Grundsatzes
in meiner Makrobiotik blos durch die Erfahrung
leiten lassen. Es stießen mir bey meinen Nachfor-
schungen über das höchste Alter so viele Verheyrathete
auf, daß ich dadurch zuerst aufmerksam gemacht wurde.
Ich fand nemlich bey allen Alten einen sehr beträcht-
lichen Ueberschuß auf Seiten der Verheyratheten: von
den außerordentlich hohen Alten (d. h. 120 — 160
Jährigen) fand ich durchaus gar keinen unver-
heyrathet; ja sie hatten alle mehrmals und größtentheils noch in den letzten Zeiten ihres Lebens ge-
heyrathet. Dieß allein bewog mich zu den Ver-
muthungen von Einfluß der Zeugungskraft und des
Ehestands aufs lange Leben, für die ich dann erst
die theoretischen Gründe aufsuchte.   H.

rung in einer solchen kann wohl einen Familien-
schlag dieser Art begründen. Es ist auch kein
übles politisches Prinzip zu Beförderung der
Ehen, das gepaarte Leben als ein langes Leben
anzupreisen; obgleich die Erfahrung immer ver-
hältnißweise nur wenig Beyspiele davon an die
Hand giebt, von solchen, die neben einander vor-
züglich alt geworden sind; aber die Frage ist hier
nur vom physiologischen Grunde des Altwerdens,
— wie es die Natur verfügt, nicht vom poli-
tischen, wie die Convenienz des Staats die öffentliche Meynung seiner Absicht gemäß gestimmt zu
seyn verlangt.

Uebrigens ist das Philosophiren, ohne
darum eben Philosoph zu seyn, auch ein Mittel der Abwehrung mancher unangenehmer Gefühle, und doch zugleich Agitation des Gemüths, welches in seine Beschäftigung ein Interesse bringt, das von äußern Zufälligkeiten unabhängig und eben darum, obgleich nur als Spiel,
dennoch kräftig und inniglich ist und die Lebenskraft nicht stocken läßt. Dagegen Philosophie,

die ihr Interesse am Ganzen des Endzwecks der
Vernunft — der eine absolute Einheit ist — hat,
ein Gefühl der Kraft bey sich führt, welches die
körperlichen Schwächen des Alters in gewissem
Maaße durch vernünftige Schätzung des Werths
des Lebens wohl vergüten kann. — Aber neu
sich eröffnende Aussichten zu Erweiterung seiner
Erkenntnisse, wenn sie auch gerade nicht zur Philosophie gehörten, leisten doch auch eben dasselbe,
oder etwas dem Aehnliches; und, so fern der
Mathematiker hieran ein unmittelbares Interesse (nicht als an einem Werkzeuge zu anderer
Absicht) nimmt, so ist er in so fern auch Philosoph, und genießt die Wohlthätigkeit einer solchen
Erregungsart seiner Kräfte in einem verjüngten
und ohne Erschöpfung verlängerten Leben.

Aber auch bloße Tändeleyen in einem sor-
genfreyen Zustande leisten, als Surrogate, bey
eingeschränkten Köpfen fast eben dasselbe, und,
die mit Nichtsthun immer vollauf zu thun haben,
werden gemeiniglich auch alt. — Ein sehr bejahr-
ter Mann fand dabey ein großes Interesse, daß

die vielen Stutzuhren in seinem Zimmer immer
nach einander, keine mit der andern zugleich,
schlagen mußten; welches ihn und den Uhrmacher
den Tag über genug beschäftigte, und dem letztern
zu verdienen gab. Ein Anderer fand in der Abfütterung und Kür seiner Sangvögel hinreichende
Beschäftigung, um die Zeit zwischen seiner eigenen Abfütterung und dem Schlaf auszufüllen.
Eine alte begüterte Frau fand diese Ausfüllung
am Spinnrade, unter dabey eingemischten unbedeutenden Gesprächen, und klagte daher in ihrem
sehr hohen Alter, gleich als über den Verlust
einer guten Gesellschaft, daß, da sie nunmehr
den Faden zwischen den Fingern nicht mehr fühlen konnte, sie für langer Weile zu sterben Gefahr liefe.

Doch, damit mein Discurs über das lange
Leben Ihnen nicht auch lange Weile mache
und eben dadurch gefährlich werde, will ich der
Sprachseligkeit, die man als einen Fehler des
Alters zu belächeln, wenn gleich nicht zu schelten
pflegt, hiemit Grenzen setzen.

Von der Hypochondrie.

Die Schwäche, sich seinen krankhaften Gefühlen überhaupt, ohne ein bestimmtes Object,
muthlos zu überlassen — mithin ohne den Ver-
such zu machen, über sie durch die Vernunft
Meister zu werden — die Grillenkrankheit
(hypochondria vaga) *), welche gar keinen bestimmten Sitz im Körper hat und ein Geschöpf
der Einbildungskraft ist und daher auch die dich-
tende heißen könnte — wo der Patient alle
Krankheiten, von denen er in Büchern liest, an
sich zu bemerken glaubt, — ist das gerade Widerspiel jenes Vermögens des Gemüths über seine
krankhaften Gefühle Meister zu seyn, nämlich
Verzagtheit, über Uebel, welche Menschen zu-
stoßen könnten, zu brüten, ohne, wenn sie
kämen, ihnen widerstehen zu können; eine Art
von Wahnsinn, welchem freylich wohl irgend
ein Krankheitsstoff (Blähung oder Verstopfung)
zum Grunde liegen mag, der aber nicht unmit-

*) Zum Unterschiede von der topischen (hypochon-
dria abdominalis).   H.

telbar, wie er den Sinn afficirt, gefühlt, sondern als bevorstehendes Uebel von der dichtenden
Einbildungskraft vorgespiegelt wird; wo dann der
Selbstquäler (Heautontimorumenos), statt sich
selbst zu ermannen, vergeblich die Hülfe des Arztes
aufruft; weil nur er selbst, durch die Diätetik seines Gedankenspiels, belästigende Vorstellungen,
die sich unwillkührlich einfinden, und zwar von
Uebeln, wider die sich doch nichts veranstalten
ließe, wenn sie sich wirklich einstellten, aufheben
kann. — Von dem, der mit dieser Krankheit
behaftet, und so lange er es ist, kann man nicht
verlangen, er solle seiner krankhaften Gefühle
durch den bloßen Vorsatz Meister werden. Denn,
wenn er dieses könnte, so wäre er nicht hypochondrisch. Ein vernünftiger Mensch statuirt
keine solche Hypochondrie: sondern, wenn ihm
Beängstigungen anwandeln, die in Grillen, d. i.
selbst ausgedachte Uebel, ausschlagen wollen, so
fragt er sich, ob ein Object derselben da sey.
Findet er keines, welches gegründete Ursache zu
dieser Beängstigung abgeben kann, oder sieht er

ein, daß, wenn auch gleich ein solches wirklich
wäre, doch dabey nichts zu thun möglich sey, um
seine Wirkung abzuwenden, so geht er mit diesem
Anspruche seines inneren Gefühls zur Tagesord-
nung, d. i. er läßt seine Beklommenheit (welche
alsdann blos topisch ist) an ihrer Stelle liegen
(als ob sie ihm nichts anginge) und richtet seine
Aufmerksamkeit auf die Geschäfte, mit denen er
zu thun hat.

Ich habe wegen meiner flachen und engen
Brust, die für die Bewegung des Herzens und
der Lunge wenig Spielraum läßt, eine natürliche
Anlage zur Hypochondrie, welche in früheren
Jahren bis an den Ueberdruß des Lebens gränzte:
Aber die Ueberlegung, daß die Ursache dieser
Herzbeklemmung vielleicht blos mechanisch und
nicht zu heben sey, brachte es bald dahin, daß
ich mich an sie gar nicht kehrte, und während
dessen, daß ich mich in der Brust beklommen
fühlte, im Kopf doch Ruhe und Heiterkeit
herrschte, die sich auch in der Gesellschaft, nicht
nach abwechselnden Launen (wie Hypochondrische

C

pflegen), sondern absichtlich und natürlich mitzu-
theilen nicht ermangelte. Und da man des Lebens mehr froh wird durch das, was man im
freyen Gebrauch desselben **thut**, als was man
genießt, so können Geistesarbeiten eine andere
Art von befördertem Lebensgefühl den Hemmun-
gen entgegensetzen, welche blos den Körper angehen. Die Beklemmung ist mir geblieben; denn
ihre Ursache liegt in meinem körperlichen Bau.
Aber über ihren Einfluß auf meine Gedanken
und Handlungen bin ich Meister geworden, durch
Abkehrung der Aufmerksamkeit von diesem Gefühle, als ob es mich gar nicht anginge *).

*) Selbst bei wirklichen Krankheiten müssen wir wohl
unterscheiden, die **Krankheit**, und das **Gefühl
der Krankheit**. — Das letztere übertrifft mehrentheils die erste bey weitem; ja man kann be-
haupten, man würde die eigentliche Krankheit, die
oft nur in einer örtlich gestörten Verrichtung eines
oft unbedeutenden Theiles besteht, gar nicht bemerken, wenn nicht die dadurch erregte allgemeine
Unlust und Unbehaglichkeit, oder unangenehmen Gefühle und Schmerzen, unsern Zustand höchst pein-
lich machten. Diese Gefühle aber, diese Einwirkung
der Krankheit auf das Ganze, stehen großentheils

Vom Schlafe.

Was die Türken, nach ihren Grundsätzen der Prädestination, über die Mäßigkeit sagen; daß nämlich im Anfangs der Welt jedem Menschen die Portion zugemessen worden, wie viel er

in unserer Gewalt. Eine schwache, verweichlichte Seele, eine dadurch erhöh'te Empfindlichkeit, wird dadurch völlig übermannt, ein starker, abgehärteter Geist weiset sie zurück und unterdrückt sie. — Jedermann giebt zu, daß es möglich ist, durch ein unerwartetes Ereigniß, durch eine angenehme Zerstreuung, genug durch etwas, was die Seele stark von sich abzieht, sein körperliches Leiden zu vergessen. — Warum sollte dieß nun nicht der eigne feste Wille, die eigne Seelenkraft selbst bewirken können? —

Das größte Mittel gegen Hypochondrie und alle eingebildete Uebel, ist in der That das Objektiviren seiner selbst, so wie die Hauptursache der Hypochondrie und ihr eigentliches Wesen nichts anders ist, als das Subjektiviren aller Dinge, das heißt, daß das physische Ich die Herrschaft über alles erhalten hat, der alleinige Gedanke, die fixe Idee wird, und alles andere unter diese Kategorie bringt. — Ich habe daher immer gefunden, daß, je praktischthätiger das Leben eines Menschen ist, das heißt, je mehr es ihn immer nach außen zieht, desto sicherer ist er für Hypochondrie. Den

C 2

im Leben zu essen haben werde, und, wenn er
sein beschieden Theil in großen Portionen ver=
zehrt, er auf eine desto kürzere Zeit zu essen,
mithin zu seyn, sich Rechnung machen könne:
Das kann in einer Diätetik, als Kinderlehre
— denn im Genießen müssen auch Männer von
Aerzten oft als Kinder behandelt werden, —
auch zur Regel dienen: nämlich daß jedem Men=
schen von Anbeginn her vom Verhängnisse seine
Portion Schlaf zugemessen worden, und der,
welcher von seiner Lebenszeit in Mannsjahren

besten Beweiß geben uns die praktischen Aerzte. Sie
sind unaufhörlich mit Krankheiten beschäftigt, und
Krankheit, Uebelbefinden wird zuletzt der herrschende
Gegenstand ihres Denkens. Hier sollte also sehr
leicht dasselbe auch der herrschende Gegenstand ihres
Ichs werden, und es müßten folglich alle Aerzte
endlich hypochondrisch werden. — Und dennoch
sehen wir, daß gerade praktische Aerzte fast nie an
Hypochondrie leiden. — Warum? Weil sie sich
von Anfang an gewöhnen, alle Uebel zu objektiviren,
wodurch sie am Ende dahin gelangen, sich selbst
und ihre eignen Uebel zu objektiviren, sie von ihrem
wahren Ich zu trennen und zum Gegenstand der
Außenwelt und der Kunst zu machen. — Denn das
wahre Ich wird nie krank.   H.

zu viel (über das Drittheil) dem Schlafen einge=
räumt hat, sich nicht eine lange Zeit zu schlafen
d. i. zu leben und alt zu werden, versprechen darf.
— Wer dem Schlaf als süßen Genuß im
Schlummern (der Siesta der Spanier) oder als
Zeitkürzung (in langen Winternächten) viel mehr
als ein Drittheil seiner Lebenszeit einräumt, oder
ihm sich auch theilweise (mit Absätzen), nicht in
einem Stück, für jeden Tag zumißt, verrechnet
sich sehr in Ansehung seines Lebensquantum,
theils dem Grade, theils der Länge nach. — Da
nun schwerlich ein Mensch wünschen wird, daß
der Schlaf überhaupt gar nicht Bedürfniß für
ihn wäre, — woraus doch wohl erhellet, daß
er das lange Leben als eine lange Plage fühlt;
von dem, so viel er verschlafen, eben so viel
Mühseligkeit zu tragen er sich ersparet hat —
so ist es gerathener, fürs Gefühl sowohl als
für die Vernunft, dieses Genuß = und That=
leere Drittel ganz auf eine Seite zu bringen
und es der unentbehrlichen Naturrestauration
zu überlassen: doch mit einer genauen Abge=

meſſenheit der Zeit, von wo an und wie lange
ſie dauern ſoll *).

Es gehört unter die krankhaften Gefühle
zu der beſtimmten und gewohnten Zeit nicht
ſchlafen, oder auch ſich nicht wach halten zu können; vornemlich aber das erſtere; in dieſer Abſicht ſich zu Bette zu legen und doch ſchlaflos
zu liegen. — Sich alle Gedanken aus dem
Kopf zu ſchlagen iſt zwar der gewöhnliche Rath,
den der Arzt giebt; aber ſie, oder andere an
ihre Stelle, kommen wieder und erhalten wach.
Es iſt kein anderer diätetiſcher Rath, als beym
inneren Wahrnehmen oder Bewußtwerden irgend
eines ſich regenden Gedanken, die Aufmerkſam-
keit davon ſo fort abzuwenden (gleich als ob man

*) Die naturgemäßeſte Eintheilung des Tages bleibt
  gewiß dieſe: Acht Stunden der Arbeit, acht Stunden
  der Ruhe und acht Stunden der Nahrung, körperlichen Bewegung, Geſellſchaft und Aufheiterung.
                                        H.

mit geschlossenen Augen diese auf eine andere
Seite kehrte): wo dann durch das Abbrechen
jedes Gedanken, den man inne wird, allmählig
eine Verwirrung der Vorstellungen entspringt, dadurch das Bewußtseyn seiner körperlichen (äußern)
Lage aufgehoben wird, und eine ganz verschiedene
Ordnung, nämlich ein unwillführliches Spiel der
Einbildungskraft (das im gesunden Zustande der
Traum ist) eintritt, in welchem, durch ein be-
wundernswürdiges Kunststück der thierischen Or-
ganisation, der Körper für die animalischen Bewegungen abgespannt, für die Vitalbewegung
aber innigst agitirt wird und zwar durch
Träume, die, wenn wir uns gleich derselben
im Erwachen nicht erinnern, gleichwohl nicht
haben ausbleiben können: weil sonst bey gänz-
licher Ermangelung derselben, wenn die Nerven-
kraft, die vom Gehirn dem Sitze der Vorstellungen ausgeht, nicht mit der Muskelkraft der
Eingeweide vereinigt wirkte, das Leben sich nicht
einen Augenblick erhalten könnte. Daher träu-
men vermuthlich alle Thiere, wenn sie schlafen.

Jedermann aber, der sich zu Bette und in
Bereitschaft zu schlafen gelegt hat, wird biswei-
en, bey aller obgedachten Ablenkung seiner Gedanken, doch nicht zum Einschlafen kommen können. In diesem Fall wird er im Gehirn etwas
Spastisches (Krampfartiges) fühlen, welches
auch mit der Beobachtung gut zusammenhängt:
daß ein Mensch gleich nach dem Erwachen etwa
¼ Zoll länger sey, als wenn er sogar im Bette
geblieben und dabey nur gewacht hätte. — Da
Schlaflosigkeit ein Fehler des schwächlichen Alters
und die linke Seite überhaupt genommen die
schwächere ist *), so fühlte ich seit etwa einem

*) Es ist ein ganz unrichtiges Vorgeben, daß, was
die Stärke im Gebrauch seiner äußern Gliedmaßen betrifft, es blos auf die Uebung und wie man
frühe gewöhnt worden, ankomme, welche von bey-
den Seiten des Körpers die stärkere oder schwächere
seyn solle; ob im Gefechte mit dem rechten oder
linken Arm der Säbel geführt, ob sich der Reiter
im Steigbügel stehend von der rechten zur linken
oder umgekehrt aufs Pferd schwinge u. s. w. Die
Erfahrung lehrt aber, daß, wer sich am linken
Fuße Maas für seine Schuhe nehmen läßt, wenn
der Schuh dem linken genau anpaßt, er für den

Jahre diese krampfigte Anwandelungen und sehr
empfindliche Reize dieser Art (ob zwar nicht wirk=
liche und sichtbare Bewegungen der darauf affi=
cirten Gliedmaßen als Krämpfe), die ich nach der
Beschreibung anderer für gichtische Zufälle
halten und dafür einen Arzt suchen mußte. Nun
aber, aus Ungeduld, am Schlafen mich gehin=
dert zu fühlen, griff ich bald zu meinem stoischen
Mittel, meinen Gedanken mit Anstrengung auf
irgend ein von mir gewähltes gleichgültiges Ob=
ject, was es auch sey, (z. B. auf den viel Ne=

rechten zu enge sey, ohne daß man die Schuld
davon den Eltern geben kann, die ihre Kinder
nicht besser belehrt hätten; so wie der Vorzug der
rechten Seite vor der linken auch daran zu sehen
ist, daß der, welcher über einen tiefen Graben
schreiten will, den linken Fuß ansetzt und mit dem
rechten überschreitet: widrigenfalls er in den Gra=
ben zu fallen Gefahr läuft. Daß der preußische
Infanterist geübt wird mit dem linken Fuße anzu=
treten, widerlegt jenen Satz nicht, sondern bestä=
tigt ihn vielmehr; denn er setzt diesen voran, gleich
als auf ein Hypomochlium, um mit der rechten
Seite den Schwung des Angriffs zu machen, wel=
chen er mit der rechten gegen die linke verrichtet.

benvorstellungen enthaltenden Namen Cicero) zu
heften; mithin die Aufmerksamkeit von jener
Empfindung abzulenken; dadurch diese dann, und
zwar schleunig, stumpf wurden, und so die Schläf-
rigkeit sie überwog, und dieses kann ich jederzeit,
bey wiederkommenden Anfällen dieser Art in den
kleinen Unterbrechungen des Nachtschlafs, mit
gleich gutem Erfolg wiederholen. Daß aber
dieses nicht etwa blos eingebildete Schmerzen
waren, davon konnte mich die des andern Morgens früh sich zeigende glühende Röthe der Zehen
des linken Fußes überzeugen. — Ich bin gewiß,
daß viele gichtische Zufälle, wenn nur die
Diät des Genusses nicht gar zu sehr dawider
ist, ja Krämpfe und selbst epileptische Zufälle (nur nicht bey Weibern und Kindern, als
die dergleichen Kraft des Vorsatzes nicht haben),
auch wohl das für unheilbar verschriene Po-
dagra, bey jeder neuen Anwandlung desselben
durch diese Festigkeit des Vorsatzes (seine Aufmerksamkeit von einem solchen Leiden abzuwen-

den) abgehalten und nach und nach gar gehoben werden könnte *).

*) Unglaublich ist es, was der Mensch vermag, auch im Physischen, durch die Kraft des festen Willens; und so auch durch die Noth, die oft allein einen solchen festen Willen hervorzubringen vermag. Woher kömmt es, daß die arbeitende, durch Noth oder Pflicht zur Arbeit getriebene, Klasse viel weniger kränkelt, als die müßiggehende? Hauptsächlich daher, daß jene keine Zeit hat krank zu seyn, und also eine Menge Anwandelungen von Krankheiten übergeht, das heißt, in der Arbeit sie vergißt und dadurch wirklich überwindet und aufhebt, statt daß der Müßige, den Gefühlen nachgebend und sie pflegend, dadurch oft den Keim erst zu Krankheiten ausbildet.

Wie oft habe ich diese Erfahrung in meinem Berufsleben an mir selbst gemacht, und welcher Pflicht- und Berufsmensch hat sie nicht gemacht! — Wie oft glaubte ich früh nicht im Stande zu seyn, wegen körperlicher Beschwerden das Zimmer zu verlassen — die Pflicht rief zum Krankenbett oder aufs Katheder, und so sauer es anfangs wurde, nach einiger Zeit der Anstrengung war das Uebel vergessen, der Geist siegte über den Leib, und die Gesundheit war wieder hergestellt.

Ja am auffallendsten zeigt sich die Kraft des Geistigen bei ansteckenden und epidemischen Krankheiten. Es ist eine ausgemachte Erfahrungssache, daß die, welche guten Muth haben, sich nicht fürchten und ekeln, am wenigsten angesteckt werden.

Vom Essen und Trinken.

Im gesunden Zustande und der Jugend ist
es das Gerathenste in Ansehung des Genusses,
der Zeit und Menge nach, blos den Appetit
(Hunger und Durst) zu befragen; aber bey den
mit dem Alter sich einfindenden Schwächen ist

Aber daß eine schon wirklich geschehene Ansteckung
noch durch freudige Exaltation des Geistes wieder
aufgehoben werden könne, davon bin ich selbst ein
Beispiel. — Ich hatte in dem Kriegsjahre 1807,
wo in Preußen ein pestartiges Faulfieber herrschte,
viele solche Kranke zu behandeln, und fühlte eines
Morgens bei dem Erwachen alle Zeichen der Ansteckung, Schwindel, Kopfbetäubung, Zerschlagen-
heit der Glieder, genug alle Vorboten, die bekannt-
lich mehrere Tage dauern können, ehe die Krankheit wirklich ausbricht. — Aber die Pflicht gebot;
Andere waren kränker als ich. Ich beschloß, meine
Geschäfte, wie gewöhnlich zu verrichten und Mittags einem frohen Mahle beizuwohnen, wozu ich
eingeladen war. Hier überließ ich mich einige Stunden ganz der Freude und dem lauten Frohsinn, der
mich umgab, trank absichtlich mehr Wein wie gewöhnlich, ging mit einem künstlich erregten Fieber
nach Hause, legte mich zu Bett', schwitzte die Nacht
hindurch reichlich und war am andern Morgen völlig hergestellt.   H.

eine gewiſſe Angewohnheit einer geprüften
und heilſam gefundenen Lebensart, nämlich wie
man es einen Tag gehalten hat, es eben ſo alle
Tage zu halten, ein diätetiſcher Grundſatz, welcher dem langen Leben am günſtigſten iſt; doch
unter der Bedingung, daß dieſe Abfütterung für
den ſich weigernden Appetit die gehörigen Aus-
nahmen mache. — Dieſer nämlich weigert im
Alter die Quantität des Flüſſigen (Suppen oder
viel Waſſer zu trinken) vornemlich dem männli-
chen Geſchlecht: verlangt dagegen derbere Koſt
und anreizenderes Getränke (z. B. Wein), ſo
wohl um die wurmförmige Bewegung der
Gedärme — die unter allen Eingeweiden am
meiſten von der vita propria zu haben ſchei-
nen, weil ſie, wenn ſie noch warm aus dem Thier
geriſſen und zerhauen werden, als Würmer krie-
chen, deren Arbeit man nicht blos fühlen, ſondern ſogar hören kann — zu befördern, und zugleich ſolche Theile in den Blutumlauf zu bringen,
die durch ihren Reiz das Geäder zur Blutbe-
wegung im Umlauf zu erhalten beförderlich ſind.

Das Waſſer braucht aber bey alten Leuten
längere Zeit, um, ins Blut aufgenommen, den
langen Gang ſeiner Abſonderung von der Blut=
maſſe durch die Nieren zur Harnblaſe zu machen,
wenn es nicht dem Blute aſſimilirte Theile (der=
gleichen der Wein iſt) und die einen Reiz der
Blutgefäße zum Fortſchaffen bey ſich führen, in
ſich enthält, welcher letztere aber alsdann als
Medicin gebraucht wird, deſſen künſtlicher Ge=
brauch eben dadurch eigentlich nicht zur Diätetik
gehört. Der Anwandelung des Appetits zum
Waſſertrinken (dem Durſt), welche großentheils
nur Angewohnheit iſt, nicht ſo fort nachzugeben
und ein hierüber genommener feſter Vorſatz
bringt dieſen Reiz in das Maas des natürlichen
Bedürfniſſes, des den feſten Speiſen beyzuge=
benden Flüſſigen, deſſen Genuß in Menge im
Alter ſelbſt durch den Naturinſtinkt geweigert
wird. Man ſchläft auch nicht gut, wenigſtens
nicht tief bey dieſer Waſſerſchwelgerey, weil die
Blutwärme dadurch vermindert wird.

Es ist oft gefragt worden: ob, gleich wie
in 24 Stunden nur Ein Schlaf, so auch in
eben so viel Stunden nur Eine Mahlzeit nach
diätetischer Regel verwilligt werden könne, oder
ob es nicht besser (gesunder) sey, dem Appetit
am Mittagstische etwas abzubrechen, um dafür
auch zu Nacht essen zu können. Zeitkürzender
ist freylich das letztere. — Das erstere halte ich
auch in den sogenannten besten Lebensjahren
(dem Mittelalter) für zuträglicher; das letztere
aber im späteren Alter. Denn, da das Stadium für die Operation der Gedärme zum Be-
huf der Verdauung im Alter ohne Zweifel lang-
samer abläuft, als in jüngeren Jahren, so kann
man glauben, daß ein neues Pensum (in einer
Abendmahlzeit) der Natur aufzugeben, indessen
daß das erstere Stadium der Verdauung noch
nicht abgelaufen ist, der Gesundheit nachtheilig
werden müsse. — Auf solche Weise kann man
den Anreiz zum Abendessen, nach einer hinrei-
chenden Sättigung des Mittags, für ein krank-
haftes Gefühl halten, dessen man durch einen

festen Vorsaß so Meister werden kann, daß auch
die Anwandelung desselben nach gerade nicht
mehr verspürt wird.

Von dem krankhaften Gefühl aus der Unzeit im Denken.

Einem Gelehrten ist das Denken ein
Nahrungsmittel, ohne welches, wenn er wach
und allein ist, er nicht leben kann; jenes
mag nun im Lernen (Bücherlesen) oder im Aus-
denken (Nachsinnen und Erfinden) bestehen.
Aber beym Essen oder Gehen sich zugleich ange-
strengt mit einem bestimmten Gedanken beschäf-
tigen, Kopf und Magen oder Kopf und Füße
mit zwey Arbeiten zugleich belästigen, davon bringt
das eine Hypochondrie, das andere Schwindel
hervor. Um also dieses krankhaften Zustandes
durch Diätetik Meister zu seyn, wird nichts wei-
ter erfordert, als die mechanische Beschäftigung
des Magens, oder der Füße, mit der geistigen
des Denkens wechseln zu lassen, und während
dieser (der Restauration gewidmeten) Zeit das

absichtliche Denken zu hemmen und dem (dem mechanischen ähnlichen) freyen Spiele der Einbildungskraft den Lauf zu lassen; wozu aber bey einem Studirenden ein allgemein gefaßter und fester Vorsatz der Diät im Denken erfordert wird:

Es finden sich krankhafte Gefühle ein, wenn man in einer Mahlzeit ohne Gesellschaft sich zugleich mit Bücherlesen oder Nachdenken beschäftigt, weil die Lebenskraft durch Kopfarbeit von dem Magen, den man belästigt, abgeleitet wird. Eben so, wenn dieses Nachdenken mit der krafterschöpfenden Arbeit der Füße (im Promeniren) *) verbunden wird: Man kann das

*) Studirende können es schwerlich unterlassen, in einsamen Spaziergängen sich mit Nachdenken selbst und allein zu unterhalten. Ich habe es aber an mir gefunden und auch von andern, die ich darum befrug, gehört: daß das angestrengte Denken im Gehen geschwinde matt macht; dagegen, wenn man sich dem freyen Spiel der Einbildungskraft überläßt, die Motion restaurirend ist. Noch mehr geschieht dieses, wenn bey dieser mit Nachdenken verbundenen Bewegung zugleich Unterredung mit

D

Lucubriren noch hinzufügen, wenn es ungewöhnlich ist. Indessen sind die krankhaften Gefühle aus diesen unzeitig (invita Minerva) vorgenommenen Geistesarbeiten doch nicht von der Art, daß sie sich unmittelbar durch den bloßen Vorsatz augenblicklich, sondern allein durch Entwöhnung, vermöge eines entgegengesetzten Prinzips, nach und nach heben lassen und von den ersteren soll hier nur geredet werden.

Von der Hebung und Verhütung krankhafter Zufälle durch den Vorsatz im Athemziehen.

Ich war vor wenigen Jahren noch dann und wann vom Schnupfen und Husten heimgesucht, welche beyde Zufälle mir desto ungelegener waren, als sie sich bisweilen beym Schlafengehen zutrugen. Gleichsam entrüstet über diese Stöh-

einem Andern gehalten wird, so, daß man sich bald genöthigt sieht das Spiel seiner Gedanken sitzend fortzusetzen. — Das Spazieren im Freien hat gerade die Absicht durch den Wechsel der Gegenstände seine Aufmerksamkeit auf jeden einzelnen abzuspannen.

rung des Nachtschlafs entschloß ich mich, was
den ersteren Zufall betrifft, mit fest geschlossenen
Lippen durchaus die Luft durch die Nase zu zie=
hen: welches mir anfangs nur mit einem schwa=
chen Pfeifen, und da ich nicht absetzte, oder
nachließ, immer mit stärkeren, zuletzt mit vollen
und freyen Luftzuge gelang, es durch die Nase
zu Stande zu bringen, darüber ich dann so fort
einschlief. — Was dieses gleichsam convulsivische
und mit dazwischen vorfallenden Einathmen (nicht
wie beym Lachen ein continuirtes, stoßweise er=
schallendes) Ausathmen; den Husten betrifft,
vornemlich den, welchen der gemeine Mann in
England den Altmannshusten (im Bette lie=
gend) nennt, so war er mir um so mehr ungelegen,
da er sich bisweilen bald nach der Erwärmung im
Bette einstellte und das Einschlafen verzögerte.
Dieses Husten, welches durch den Reiz der mit
offenen Munde eingeathmeten Luft auf den Luft=
röhrenkopf erregt wird *), nun zu hemmen be=

*) Sollte auch nicht die atmosphärische Luft, wenn
sie durch die Eustachische Röhre (also bey geschlos=

D 2

durfte es einer nicht mechanischen, (pharmacev-
tischen) sondern nur unmittelbaren Gemüthsope-

senen Lippen) circulirt, dadurch, daß sie auf diesem
dem Gehirn nahe liegenden Umwege Sauerstoff ab-
setzt, das erquickende Gefühl gestärkter Lebensorgane
bewirken, welches dem ähnlich ist, als ob man Luft
trinke; wobey diese, ob sie zwar keinen Geruch
hat, doch die Geruchsnerven und die denselben nahe
liegende einsaugende Gefäße stärkt? Bey manchem
Wetter findet sich dieses Erquickliche des Genusses
der Luft nicht; bey andern ist es eine wahre An-
nehmlichkeit sie auf seiner Wanderung mit langen
Zügen zu trinken: welches das Einathmen mit offenem Munde nicht bewährt. — — Das ist aber
von der größten diätetischen Wichtigkeit, den Athem-
zug durch die Nase bey geschlossenen Lippen sich so
zur Gewohnheit zu machen, daß er selbst im
tiefsten Schlaf nicht anders verrichtet wird und
man sogleich aufwacht, so bald er mit offenem
Munde geschieht und dadurch gleichsam aufgeschreckt
wird; wie ich das anfänglich, ehe es mir zur Gewohnheit wurde auf solche Weise zu athmen, bisweilen erfuhr. — Wenn man genöthigt ist stark
oder bergan zu schreiten, so gehört größere Stärke
des Vorsatzes dazu, von jener Regel nicht abzuwei-
chen und eher seine Schritte zu mäßigen, als von
ihr eine Ausnahme zu machen; ingleichen, wenn
es um starke Motion zu thun ist, die etwa ein
Erzieher seinen Zöglingen geben will, daß dieser sie
ihre Bewegung lieber stumm als mit öfterer Ein-

ration: nämlich die Aufmerksamkeit auf diesen Reiz dadurch ganz abzulenken, daß sie mit
Anstrengung auf irgend ein Object (wie oben
bey krampfhaften Zufällen) gerichtet und dadurch
das Ausstoßen der Luft gehemmet wurde, welches
mir, wie ich es deutlich fühlete, das Blut ins
Gesicht trieb, wobey aber der durch denselben
Reiz erregte flüssige Speichel (saliva) die Wirkung dieses Reizes, nämlich die Ausstoßung der

athmung durch den Mund machen lasse. Meine
jungen Freunde (ehemalige Zuhörer) haben diese
diätetische Maxime als probat und heilsam geprie-
sen und sie nicht unter die Kleinigkeiten gezählt,
weil sie bloßes Hausmittel ist, das den Arzt ent-
behrlich macht. — Merkwürdig ist noch: daß, da
es scheint, beym lange fortgesetzten Sprechen ge-
schehe das Einathmen auch durch den so oft
geöffneten Mund, mithin jene Regel werde da doch
ohne Schaden überschritten, es sich wirklich nicht
so verhält. Denn es geschieht doch auch durch die
Nase. Denn wäre diese zu der Zeit verstopft, so
würde man von dem Redner sagen, er spreche
durch die Nase (ein sehr widriger Laut), indem er
wirklich nicht durch die Nase spräche, und umgekehrt, er spreche nicht durch die Nase, indem er
wirklich durch die Nase spricht: wie es Hr. Hofrath
Lichtenberg launigt und richtig bemerkt — Das

Luft, verhinderte und ein Herunterschlucken dieser Feuchtigkeit bewirkte. — — Eine Gemüthsoperation, zu der ein recht großer Grad des festen Vorsatzes erforderlich, der aber darum auch desto wohlthätiger ist.

Von den Folgen dieser Angewohnheit des Athemziehens mit geschlossenen Lippen.

Die unmittelbare Folge davon ist, daß sie auch im Schlafe fortwährt, und ich sogleich aus dem Schlafe aufgeschreckt werde, wenn ich zufälligerweise die Lippen öffne und ein Athem-

ist auch der Grund, warum der, welcher lange und laut spricht (Vorleser oder Prediger), es ohne Rauhigkeit der Kehle eine Stunde lang wohl aushalten kann; weil nämlich sein Athemziehen eigentlich durch die Nase, nicht durch den Mund, geschieht, als durch welchen nur das Ausathmen verrichtet wird. — Ein Nebenvortheil dieser Angewohnheit des Athemzuges mit beständig geschlossenen Lippen, wenn man für sich allein wenigstens nicht im Discurs begriffen ist, ist der: daß die sich immer absondernde und den Schlund befeuchtende Saliva hiebey zugleich als Verdauungsmittel (stomachale), vielleicht auch (verschluckt) als Abführungsmittel wirkt; wenn man fest genug entschlossen ist sie nicht durch üble Angewohnheit zu verschwenden.   H.

zug durch den Mund geschieht: woraus man
sieht, daß der Schlaf und mit ihm der Traum,
nicht eine so gänzliche Abwesenheit von dem Zu=
stande des Wachenden ist, daß sich nicht auch
eine Aufmerksamkeit auf seine Lage in jenem Zu=
stande mit einmische: wie man denn dieses auch
daraus abnehmen kann, daß die, welche sich des
Abends vorher vorgenommen haben, früher als
gewöhnlich (etwa zu einer Spazierfahrt) aufzu=
stehen, auch früher erwachen; indem sie ver=
muthlich durch die Stadtuhren aufgeweckt wer=
den, die sie also auch mitten im Schlaf haben
hören und darauf Acht geben müssen. — Die
mittelbare Folge dieser löblichen Angewöh=
nung ist: daß das unwillführliche abgenöthigte
Husten, (nicht das Aufhusten eines Schleims
als beabsichtigter Auswurf) in beyderley Zustande
verhütet und so durch die bloße Macht des Vor=
satzes eine Krankheit verhütet wird. — — Ich
habe sogar gefunden, daß, da mich nach aus=
gelöschtem Licht (und eben zu Bette gelegt) auf
einmal ein starker Durst anwandelte, den mit

Wassertrinken zu löschen ich im Finstern hätte
in eine andere Stube gehen und durch Herum-
tappen das Wassergeschirr suchen müssen, ich
darauf fiel, verschiedene und starke Athemzüge
mit Erhebung der Brust zu thun und gleichsam
Luft durch die Nase zu trinken; wodurch der
Durst in wenig Secunden völlig gelöscht war.
Es war ein krankhafter Reiz, der durch einen
Gegenreiz gehoben ward.

Denkgeschäft — Alter.

Krankhafte Zufälle, in Ansehung deren
das Gemüth das Vermögen besitzt, des Gefühls
derselben durch den bloßen standhaften Willen
des Menschen, als einer Obermacht des vernünftigen Thieres, Meister werden zu
können, sind alle von der spastischen (krampfhaften) Art: man kann aber nicht umgekehrt
sagen, daß alle von dieser Art durch den bloßen
festen Vorsatz gehemmet oder gehoben werden
können. — Denn einige derselben sind von der
Beschaffenheit, daß die Versuche sie der Kraft

des Vorsatzes zu unterwerfen, das krampfhafte Leiden vielmehr noch verstärken: wie es der Fall mit mir selber ist, da diejenige Krankheit, welche vor etwa einem Jahr in der Kopenhagener Zeitung als „epidemischer, mit Kopfbedrückung verbundener Catharr" beschrieben wurde *) (bey mir aber wohl ein Jahr älter aber doch von ähnlicher Empfindung ist) mich für eigene Kopfarbeiten gleichsam desorganisirt, wenigstens geschwächt und stumpf gemacht hat, und, da sich diese Bedrückung auf die natürliche Schwäche des Alters geworfen hat, wohl nicht anders als mit dem Leben zugleich aufhören wird.

Die krankhafte Beschaffenheit des Patienten, die das Denken, in so fern es ein Festhalten eines Begriffs — der Einheit des Bewußtseyns verbundener Vorstellungen — ist, begleitet und erschwert, bringt das Gefühl eines spastischen Zustandes des Organs des Denkens (des Gehirns) als eines Drucks hervor, der zwar das Denken

*) Ich halte sie für eine Gicht, die sich zum Theil aufs Gehirn geworfen hat.

und Nachdenken selbst ingleichen das Gedächtniß
in Ansehung des ehedem Gedachten eigentlich
nicht schwächt, aber im Vortrage (dem mündli-
chen oder schriftlichen) das feste Zusammenhalten
der Vorstellungen in ihrer Zeitfolge wider Zerstreuung sichern soll, und bewirkt selbst einen un-
willkührlichen spastischen Zustand des Gehirns,
als ein Unvermögen, bey dem Wechsel der auf-
einander folgenden Vorstellungen die Einheit des
Bewußtseyns derselben zu erhalten. Daher begegnet es mir: daß, wenn ich, wie es in jeder
Rede jederzeit geschieht, zuerst zu dem, was ich
sagen will, den Hörer oder Leser vorbereite,
ihm den Gegenstand, wohin ich gehen will,
in der Aussicht, dann ihn auch auf das, wovon ich ausgegangen bin, zurückgewiesen habe
— ohne welche zwey Hinweisungen kein Zusam-
menhang der Rede statt findet — und ich nun das
letztere mit dem ersteren verknüpfen soll, ich auf
einmal meinen Zuhörer, oder stillschweigend mich
selbst, fragen muß: Wo war ich doch? Wovon
ging ich aus? Welcher Fehler nicht sowohl ein

Fehler des Geistes, noch des Gedächtnisses allein, sondern der Geistesgegenwart (im Verknüpfen) d. i. unwillkührliche Zerstreuung, und ein sehr peinigender Fehler ist; dem man zwar in Schriften — zumal den philosophischen, weil man da nicht immer so leicht zurücksehen kann, von wo man ausging — mühsam vorbeugen, aber mit aller Mühe nie völlig vergüten kann.

Mit dem Mathematiker, der seine Begriffe, oder die Stellvertreter derselben (Größen- und Zahlenzeichen), in der Anschauung vor sich hinstellen und, daß, so weit er gegangen ist, alles richtig sey, versichert seyn kann, ist es anders bewandt als mit dem Arbeiter im Fache der, vornehmlich reinen, Philosophie (Logik und Metaphysik), der seinen Gegenstand in der Luft vor sich schwebend erhalten muß, und ihn nicht blos theilweise, sondern jederzeit zugleich in einem Ganzen des Systems (b. r. V.), sich darstellen und prüfen muß. Daher es eben nicht zu verwundern ist, wenn ein Metaphysiker eher invalid wird als der Studirende in einem anderen

Fache, ingleichen als Geschäftsphilosophen; in=
deffen daß es doch einige derer geben muß, die
sich jenem ganz widmen, weil ohne Metaphysik
überhaupt es gar keine Philosophie geben könnte.

Hieraus ist auch zu erklären, wie jemand
für sein Alter gesund zu seyn sich rühmen
kann, ob er zwar in Ansehung gewisser ihm ob=
liegenden Geschäfte sich in die Krankenliste müßte
einschreiben lassen. Denn, weil das Unver=
mögen zugleich den Gebrauch und mit diesem
auch den Verbrauch und die Erschöpfung der
Lebenskraft abhält, und er gleichsam nur in einer
niedrigeren Stufe (als vegetirendes Wesen) zu
leben gesteht, nämlich essen, sehen und schlafen
zu können, was für seine animalische Existenz
gesund, für die bürgerliche (zu öffentlichen Ge=
schäften verpflichteten) Existenz aber krank, d. i.
invalid, heißt: so widerspricht sich dieser Candidat
des Todes hiemit gar nicht.

Dahin führt die Kunst das menschliche
Leben zu verlängern; daß man endlich unter den

Lebenden nur so gebuldet wird, welches eben
nicht die ergötzlichste Lage ist *).

Hieran aber habe ich selber schuld. Denn
warum will ich auch der hinanstrebenden jüngeren
Welt nicht Platz machen und um zu leben mir
den gewöhnten Genuß des Lebens schmälern:
warum ein schwächliches Leben durch Entsagungen
in ungewöhnliche Länge ziehen, die Sterbelisten,
in denen doch auf den Zuschnitt der von Natur
schwächeren und ihre muthmaßliche Lebensdauer
mit gerechnet ist, durch mein Beyspiel in Verwirrung bringen, und das alles, was man sonst

*) Dieß Resultat, so wenig tröstlich es ist, ist voll-
kommen richtig, sobald wir an das, was der
Mensch im vollkommenen Sinn ist und seyn soll,
denken. Aber selbst das Beyspiel des würdigen
Herrn Verfassers giebt ja einen sprechenden Beweiß, was der Mensch auch im Alter noch für
andere seyn kann, wenn die Vernunft immer, wie
hier, seine oberste Gesetzgeberin war. — Und ge-
setzt auch, es fehlte ganz an dieser objectiven und
bürgerlichen Existenz, sind uns nicht auch die Rui-
nen eines schönen und großen Gebäudes heilig und
schätzbar? dienen sie uns nicht als Denkzeichen des
Vergangenen, als Winke der Zukunft, als Lehre
und Beyspiel?   H.

Schickſal nannte, (dem man ſich demüthig und
andächtig unterwarf) dem eigenen feſten Vorſaße
unterwerfen; welcher doch ſchwerlich zur allgemeinen diätetiſchen Regel, nach welcher die Vernunft
unmittelbar Heilkraft ausübt, aufgenommen werden und die therapevtiſche Formeln der Officin
jemals verdrängen wird?

Nachſchrift.

Vorſorge für die Augen von Seiten der Buchdrucker und Verleger.

Den Verfaſſer der Kunſt das menſchliche
(auch beſonders das literariſche) Leben zu verlän-
gern, darf ich alſo dazu wohl auffordern, daß
er wohlwollend auch darauf bedacht ſey, die
Augen der Leſer — vornehmlich der jetzt großen
Zahl der Leſerinnen, die den Uebelſtand der
Brille noch härter fühlen dürften — in Schuß zu
nehmen: auf welche jetzt aus elender Ziererey der
Buchdrucker, (denn Buchſtaben haben doch als
Mahlerey ſchlechterdings nichts Schönes an ſich)

von allen Seiten Jagd gemacht wird; damit
nicht, so wie in Marocko, durch weiße Ueber-
tünchung aller Häuser ein großer Theil der Ein-
wohner der Stadt blind ist, dieses Uebel aus
ähnlicher Ursache auch bey uns einreiße, vielmehr
die Buchdrucker desfalls unter Polizeygesetze gebracht werden. — Die jetzige Mode will es dagegen anders; nämlich:

1) Nicht mit schwarzer, sondern grauer
Tinte, (weil es sanfter und lieblicher auf schönem
weißen Papier absteche) zu drucken.

2) Mit Didotschen Lettern, von schmalen
Füßen, nicht mit Breitkopfschen, die ihrem Namen Buchstaben (gleichsam bücherner Stäbe
zum Feststehen) besser entsprechen würden.

3) Mit lateinischer (wohl gar Cursiv)
Schrift ein Werk teutschen Inhalts, von welcher Breitkopf mit Grunde sagte: daß niemand
das Lesen derselben für seine Augen so lange aus-
halte, als mit der teutschen.

4) Mit so kleiner Schrift als nur möglich,
damit für die unten etwa beyzufügenden Noten

noch kleiner (dem Auge noch knapper angemeſ-
ſene) leſerlich bleibe *).

*) Ich ſtimme in dieſe Klage des verehrten Verfaſſers
(mit Ausnahme des grauen Papiers, woran es un-
ſere Herren Verleger ſo ſchon nicht fehlen laſſen)
ganz mit ein, und bin überzeugt, daß der größte
Theil der jezt ſo auffallend häufiger werdenden Au-
genſchwächen ſchon an und für ſich in dem weit
häufigern Leſen — beſonders dem geſchwind
Leſen, was jezt wegen der weit häufigern Zeitun-
gen, Journale, und Flugſchriften weit gewöhnli-
cher iſt, und die Augen unglaublich angreift — zu
ſuchen ſey, und dadurch auch unbeſchreiblich vermehrt wird, daß man beym Druck die Rückſicht
auf die Augen immer mehr vernachläſſigt, da ſie
vielmehr, weil nun einmal das Leſen zum allgemeinen Bedürfniß geworden iſt, vermehrt werden ſollte.

Auch ich glaube, daß dabey die den Augen nach-
theiligſten Fehler dadurch begangen werden, wenn
man auf nicht weißes Papier, mit grauer
Schwärze, mit zu kleinen, oder mit zu
zarten, zu wenig Körper habenden, Let-
tern druckt; und ich mache es daher jedem Autor,
Verleger und Drucker zur heiligen Pflicht, das
Augenwohl ihrer Leſer künftig beſſer zu bedenken.
Beſonders iſt die blaſſe Farbe der Buchſtaben äu-
ſerſt nachtheilig, und es iſt unverzeihlich, daß es
Drucker ſo häufig aus elender Gewinnſucht oder
Bequemlichkeit darinnen fehlen laſſen.

Diesem Unwesen zu steuern, schlage ich vor: den Druck der Berliner Monatsschrift (nach

Je größer der Abstand der Buchstabenfarbe von der Farbe des Papiers ist, desto leichter faßt das Auge das Bild, und desto weniger greift dieses Auffassen, das Lesen, die Augen an. — Also recht weißes Papier und recht schwarze Buchstaben sind es, warum ich die teutschen Herrn Buchhändler und Buchdrucker im Namen des lesenden Publikums recht angelegentlich bitte. — Mögen sie es zur Ehre der teutschen Nation thun, denn wie schön zeichnen sich darin die ausländischen Drucke gegen die meisten teutschen aus! Mögen sie es zu Bewahrung ihres Gewissens thun, denn sie versündigen sich in der That, indem sie unbewußt Ursache der überhandnehmenden Augenschwäche und Blindheit werden!

Was aber die lateinischen Lettern als Augenverderber betrifft, so bitte ich um Erlaubniß, darin andrer Meynung zu seyn, und zwar aus folgenden Gründen:

1) Daß diese Lettern an und für sich den Augen nicht nachtheiliger sind, als unsre teutschen, erhellt daraus, weil sonst in England, Frankreich und ändern Ländern, wo man sich ihrer bedient, die Augenfehler häufiger seyn müßten, als bey uns, welches aber nicht der Fall ist:

2) Wenn sie also einen Teutschen, der gewohnt ist teutsch zu lesen, etwas mehr anzugreifen scheinen,

E

Text und Noten) zum Muster zu nehmen; denn, man mag, welches Stück man will, in die

so liegt die Ursache blos darin, weil er sie nicht gewohnt ist, und das Angreifende verliert sich, sobald er sich daran gewöhnt hat, und fällt ganz weg, wenn wir gleich von Jugend auf an diese Lettern gewöhnt werden.

3) Daß diese Lettern, wenn sie klein oder zu mager sind, die Augen angreifen, ist wahr, aber dasselbe gilt auch von den teutschen, und ich halte es daher für äußerst nöthig, bey der lateinischen Schrift größere oder fettere Typen zu nehmen; welches auch der einzige Grund war, warum ich sie bey der Makrobiotik von dieser Beschaffenheit wählete, ohnerachtet man hie und da darin einen Grund zum Tadel gefunden hat, — ein Beweiß, daß man gerade dann, wenn man fürs Publikum sorgt, oft am meisten verkannt werden kann.

Ich finde also keinen medizinischen Gegengrund, der mich von ihrem Gebrauch abhalten sollte; vieles aber, was mir ihren Gebrauch anrieth und mich dahin gebracht hat, sie häufig zu wählen. Zuerst nemlich glaube ich, daß unsere Literatur und Sprache dann ungleich mehr Eingang in andre Länder finden wird, wenn wir lateinisch drucken, denn viele Ausländer schreckt schon das Fremde und Unverständliche der Typen ab, und man wird sich gewiß schwerer zu Erlernung einer Sprache entschlie-

Hand nehmen, so wird man die durch obige

ßen, wenn man selbst erst die Form der Lettern studieren muß. Ich glaube daher, es würde ungemein viel zur literarischen Verbindung Europens, und zur Beförderung der allgemeinen Gelehrten Republik beytragen, wenn wir uns endlich eben der Typen bedienten, die die aufgeklärtesten Nationen angenommen haben, und ich glaube, es muß am Ende dahinkommen. England, selbst Italien, bedienten sich ja noch bis zu Anfang dieses Jahrhunderts unserer Mönchsschrift, und haben sie dennoch ganz verlassen, welches zugleich beweißt, daß wir nicht einmal teutsche Originalität daran finden können. — Dazu kommt nun noch der Grund, daß bey scientifischen besonders medizinischen Büchern, wo viel lateinische Termini technici vorkommen, ein großer Uebelstand fürs Auge entsteht, wenn die teutsche Schrift alle Augenblicke durch lateinische unterbrochen wird, oder dadurch ein noch schlimmeres Uebel bewirkt wird, daß man diese Termini technici ins Teutsche übersetzt, wodurch sie nun vollends den Ausländern ganz, und selbst den Teutschen aus einer andern Provinz zum Theil, unverständlich werden, und sie wirklich den Vorzug verlieren, Termini technici zu seyn.

Ich gebe zu, daß manche ungeübte Leser für jetzt lateinische Lettern ungern, ja wohl gar nicht lesen; dieß gilt aber nicht von scientifischen Schriften. Man mag also bey Schriften für die niedern Klassen

Leſerey angegriffenen Augen durch Anſicht des letzteren merklich geſtärkt fühlen *).

noch teutſche Lettern gebrauchen, bey allen gebildeten Ständen beyderley Geſchlechts iſt das aber ſchon jetzt nicht mehr nöthig.　　　　H.

*) Unter den krankhaften Zufällen der Augen (nicht eigentlichen Augenkrankheiten) habe ich die Erfahrung von einem, der mir zuerſt in meinen Vierzigerjahren einmal, ſpäter hin, mit Zwiſchenräumen von einigen Jahren, dann und wann, jetzt aber in einem Jahre etlichemal begegnet iſt, gemacht; wo das Phänomen darin beſteht: daß auf dem Blatt, welches ich leſe, auf einmal alle Buchſtaben verwirrt und durch eine gewiſſe über daſſelbe verbreitete Helligkeit vermiſcht und ganz unleſerlich werden: ein Zuſtand, der nicht über 6 Minuten dauert, der einem Prediger, welcher ſeine Predigt vom Blatte zu leſen gewohnt iſt, ſehr gefährlich ſeyn dürfte, von mir aber in meinem Auditorium der Logik oder Metaphyſik, wo nach gehöriger Vorbereitung im freyen Vortrage (aus dem Kopfe) geredet werden kann, nichts als die Beſorgniß entſprang, es möchte dieſer Zufall der Vorbote vom Erblinden ſeyn; worüber ich gleichwohl jetzt beruhigt bin: da ich bey dieſem jetzt öfterer als ſonſt ſich ereignenden Zufalle an meinem Einen geſunden Auge (denn das linke hat das Sehen ſeit etwa 5 Jahren verlohren) nicht den mindeſten Abgang an Klarheit verſpühre. — Zufälligerweiſe kam ich darauf, wenn ſich jenes Phäno-

men ereignete, meine Augen zu schließen, ja um noch besser das äußere Licht abzuhalten, meine Hand darüber zu legen, und dann sahe ich eine hellweiße wie mit Phosphor im Finstern auf einem Blatt verzeichnete Figur, ähnlich der, wie das letzte Viertel im Kalender vorgestellt wird, doch mit einem auf der convexen Seite ausgezackten Rande, welche allmählig an Helligkeit verlohr und in obbenannter Zeit verschwand. — Ich möchte wohl wissen: ob diese Beobachtung auch von Andern gemacht und wie diese Erscheinung, die wohl eigentlich nicht in den Augen, — als bey deren Bewegung dies Bild nicht zugleich mit bewegt, sondern immer an derselben Stelle gesehn wird — sondern im Sensorium commune ihren Sitz haben dürfte, zu erklären sey*). Zugleich ist es seltsam, daß man ein Auge (innerhalb einer Zeit, die ich etwa auf 3 Jahre schätze) einbüßen kann, ohne es zu vermissen.

*) Dieser Fehler des Sehens kommt allerdings mehr vor, und gehört unter die allgemeine Rubrik: Visus confusus s. perversus, weil er noch eben keinen Mangel der Sehkraft, sondern nur eine Abalienation derselben beweißt. Ich selbst habe es zuweilen periodisch gehabt, und der vom Hrn. Hofr. Herz im Journal d. pr. Heilk. beschriebne falsche Schwindel hat viel ähnliches. Mehrentheils ist eine vorübergehende Reizung die Ursache, z. B. Blutreiz, Gichtreiz, gastrische Reize, oder auch Schwäche.   H.

Inhalt

Lechtenstern, J. M. v., über die Verwaltung der
Landgüter; ein Umriß der wesentlichen Grundsätze
hierzu. Mit einem Anhange einer praktischen Bibliothek für Güter-Beamte. Dritte veränderte Ausgabe. gr. 8. 1821.   9 gr.
— — Was hat die Diplomatie als Wissenschaft
zu umfassen und der Diplomat zu leisten? Ein Umriß der Hauptmomente der Erstern und der Pflichten des Letztern. gr. 8. 1820.   12 gr.
— — Aphorismen und Notizen über wichtige
Zweige des Finanzwesens. gr. 8. 1821.   12 gr.
Maier, J. C., Staats-Rath, Germaniens Urverfas-
sung, mit einer Vorrede über den academischen Vor-
trag der deutschen Reichsgeschichte. gr. 8.   18 gr.
— — allgemeine Theorie der Staatsconstitution.
gr. 8.   18 gr.
— — deutsche Staatsconstitution, entwickelt und
dargestellt. 2 Bde. gr. 8.   2 thlr. 12 gr.
Palaye, de la Cürne St., das Ritterwesen des Mit-
telalters mit Anmerkungen von Klüber. 3 Bde.
gr. 8. 1786. (1r Bd. 1 thlr. 4 gr. 2r Bd. 1 thlr.
8 gr. 3r Bd. 1 thlr. 16 gr.)   4 thlr. 4 gr.
Rätze, J. G., das Vernunftrecht im Gewande des
Staatsrechts und der Vorrechte. 8. 1823.   14 gr.
Sartori, J. v., geistliches und weltliches katholisches
Staatsrecht. 2 Bände in 6 Theilen. gr. 8. 1788
— 1791.   10 thlr. 16 gr.
Stepf, J. H., Gallerie aller juridischen Autoren, von
der ältesten bis auf die jetzige Zeit, mit ihren vor-
züglichsten Schriften, nach alphabetischer Ordnung
aufgestellt. 1r Band. A — B 2r Band C — E.
à 1 thlr. 16 gr. 3r Band. F — G. 2 thlr. gr. 8.
1820 — 1822.   5 thlr. 8 gr.
— — die Lehre vom Contradictor bei erkanntem
Concursprocesse, nach gemeinem u. baierschem Recht,
2e umgearbeitete Aufl. gr. 8. 1821.   1 thlr. 6 gr.

Dähne, D. A., die Milch- und Molkenkuren und deren zweckmäßigste Anwendung in verschiedenen Krankheiten. Zum gemeinnützigen Gebrauch für Aerzte und Nichtärzte geschrieben. 8. 1817. 1 thlr.

Gaubii, H. D., institutiones pathologiae medicinalis ad editionem tertiam edidit cum additamentis J. C. G. Ackermann. 8 maj. 1787. 2 thlr. 8 gr.

Siebold, D. E. v., über praktischen Unterricht in der Entbindungskunst, nebst einer systematischen Uebersicht seiner praktischen Uebungen am Phantom. 8. 16 gr.

Förstemann, D. W. A., über den Gegensatz positiver u. negativer Größen. Mit Kpfrn. gr. 8. 1 thlr. 8 gr.

Lüders, J., Pythagoras und Hypatia, oder die Mathematik der Alten, für das Studium der wissenschaftlichen Bildungsgeschichte. gr. 8. 1810. 18 gr.

Ottemann, Fr., Sammlung interessanter geometrischer Lehrsätze und Aufgaben zum Selbststudium für Anfänger in der Mathematik und als Anhang zu jedem Lehrbuche der Elementargeometrie. Mit 158 geometrischen Figuren. 8. 1824. 16 gr.

Auswahl französischer äsopischer Fabeln, nebst einem vollständigen französisch-deutschen Wortregister zum Gebrauch für Anfänger. 8. 1800. 4 gr.

Bergmann, A., allgemeine Schreibstunden für Schule und Haus, in 34 nach der Feder in Kupfer gestochenen Vorlegeblättern. Zum Gebrauch für die Jugend. 4. 1824. 15 gr.

*Engel, M. E., Geist der Bibel für Schule und Haus. 8. 1824. 16 gr.

*Engel, M. E., Religionsgesänge für Schulen. 2e verbesserte Aufl. 8. 1823. 4 gr.
Daſſelbe mit einem Anhang von 60 Schulgebeten. 5 gr.
— — ſechzig kurze Schulgebete, ein Anhang zu den Religionsgesängen. 8. 1823. 2 gr.
Facius, J. F., griechiſche Blumenleſe, oder kleine Sammlung vorzüglicher Stellen aus den griechiſchen Schriftſtellern. Ein Lehr- und Leſebuch zum Unterricht in der griechiſchen Sprache. 8. N. A. 8 gr.
— — Compendium dialectorum graecorum in usum scholarum. 8. 10 gr.
Favole d'Esope frigio, con un Vocabulario italiano-tedesco in gracia della studiosa gioventu, oder Esops Fabeln, nebst einem italienisch-deutschen Wörterbuche zum Gebrauche f. Anfänger. 8. Neue Ausgabe. 16 gr.
Haferkorn, J. A., der Kopfrechner, oder gründlicher Unterricht, das Rechnen im Kopfe durch eine Stufenfolge von Beiſpielen leicht und gründlich zu erlernen ꝛc. 1r Thl. 2e Aufl. 8. 1818. 6 gr. 2r Thl. 1819. 6 gr. (Hat auch den Titel: praktiſche Anleitung zum Kopfrechnen).
Jahn, J. E., Materialien zur Bearbeitung deutſcher und lateiniſcher Briefe und Reden für mittlere Schulen. 8. 1795. 1 thlr. 8 gr.
Mengs, A. R. Ritter, praktiſcher Unterricht in der Malerei, frei aus dem Italieniſchen überſetzt und mit Anmerkungen vermehrt von B. H. Schnorr von K. Mit 1 Kupfer. 8. 1818. 16 gr.
Moſer, A., Angelika. Ein Buch für Kinder gebildeter Eltern. (Kinderbibliothek 1ś Böchen.) Mit 8 colorirten Kupfern. 12. geb. 16 gr.
— — Briefſammlung für Kinder gebildeter Eltern, zum Schul- und Privatgebrauch. Als erſte praktiſche Anleitung zur innern und äußern Einrichtung der Briefe und zum Briefſchreiben überhaupt. 8. 1822. 9 gr.
— — Unterricht in der deutſchen Rechtſchreibung

auf Vorlegeblättern, zum Schul= und Privatge=
brauch. 8. 1820.   10 gr.

Phädrus äsopische Fabeln, metrisch übersetzt
von J. P. Sattler. 8 1798.   8 gr.

Plinius, C. S., Panegyricus, cum commentariis
et notis Schwarzii. cum 2 Figur. 4 maj. 1746.
                        6 thlr.

Rieß, A. H., Lehr= und Lesebuch, für Volksschulen.
3e verb. und verm. Aufl. 8. 1824.   6 gr.

Schlez, J. F., der Schreibeschüler, oder Vorübungen
im Briefschreiben und in andern bürgerlichen Auf=
sätzen, zum Gebrauch in Landschulen. 5e verb.
und verm. Aufl. 8. 1823.   4 gr.

Bauwesen, das öffentliche, und die zweckmäßigen Ein=
richtungen, nach welchen Staats=Bauten und Ar=
beiten mit Sparsamkeit auszuführen sind. Nebst
einem Nachtrage über die zweckmäßige Ersparung
bei Privat=Bauten. Herausgegeben durch die Ham=
burgische Gesellschaft zur Beförderung der Künste
und nützlichen Gewerbe. gr. 8. 1818. geh.   8 gr.

Campan, Madame, die häusliche Erziehung, vorzüg=
lich des weiblichen Geschlechts, von dem ersten Le=
bensjahre bis in das reifere Alter. Ein Handbuch
für Eltern und Erzieher. Nach dem Franz. frei be=
arbeitet von W. v. Gersdorf. 8. 1824.   21 gr.

Cronstädt, A. F. v., Mineralgeschichte über das West=
manländische und Dalekarlische Erzgebirge, auf Be=
obachtungen und Untersuchungen gegründet. Aus
dem Schwedischen übersetzt von J. G. Georgi und
herausgegeben von D. J. C. D. Schreber. M.
1 K. gr. 8. 1781.   16 gr.

Europas Palingenesie. Sammlung der wichtigsten Ma=
terialien zur neusten Geschichte des Europäischen
Continents (von L. Lüders). 3 Bde. 1810. 11.
gr. 8.   3 thlr. 12 gr.

Genersich, Professor, Blüthen von Jean Paul Frie=

brich Richter und Johann Gottfried von Herder.
gr. 8. 1821. geh.   1 thlr. 4 gr.

Geschichte der drei letzten Lebensmonate Napoleon Bonopartes. Nach authentischen Documenten verfaßt von S***. Aus dem Französischen übersetzt. 8. 1822. geh.   8 gr.

Harders, A., leichter und faßlicher Unterricht, das Pianoforte zu stimmen. gr. 8.   2 gr.

Hauy, Ritter, über den Gebrauch physikalischer Kennzeichen zur Bestimmung geschnittener Edelsteine. Uebersetzt durch Karl Cäsar Ritter v. Leonhard. gr. 8. 1818.   10 gr.

Hummel, B. F., Bibliothek der deutschen Alterthümer, systematisch geordnet und mit Anmerkungen versehen. gr. 8. 1787.   1 thlr. 8 gr.

— — Zusätze und Verbesserungen zur Bibliothek. gr. 8. 1791.   12 gr.

— — Beschreibung entdeckter Alterthümer in Deutschland. gr. 8. 1792.   12 gr.

Jäger, W., Geschichte Konrads II. Mit 1 Kupfer. gr. 8. 1787.   10 gr.

Panzer, G. W., Annalen der ältern deutschen Literatur, oder Anzeige und Beschreibung derjenigen Bücher, welche von Erfindung der Buchdruckerkunst bis 1520 in deutscher Sprache gedruckt worden sind. gr. 4. 1788.   2 thlr. 16 gr.

— — älteste Buchdruckergeschichte Nürnbergs, oder Verzeichniß aller von Erfindung der Buchdruckerkunst bis 1500 in Nürnberg gedruckten Bücher, mit literarischen Anmerkungen. gr. 4. 1789. 1 thlr. 8 gr.

Raßmann, F., deutscher Dichternekrolog, oder gedrängte Uebersicht der verstorbenen deutschen Dichter, Romanenschriftsteller, Erzähler und Uebersetzer, nebst genauer Angabe ihrer Schriften. 8. 1818. 1 thlr.

Ribbe, J. C., die Kenntniß von dem Pferde, in Hinsicht auf dessen Natur, Körperschönheit, Eigenschaften rc.; für die Liebhaber dieses Thieres bearbeitet und nebst einem Unterricht zur Behandlung der Rehe, der Druse und der Kolik, als die bei Lieb-

haberpferden am meisten vorkommenden Krankheiten, so wie auch einer Tabelle über die körperlichen
Verhältnisse eines idealisch-schönen Pferdes. gr. 8.
1821. geh. 1 thlr. 3 gr.

Rosenstein, D. W., der getreue und aufrichtige Rath-
geber für Augenkranke. Ein Noth- und Hülfsbuch
zum Besten der Menschheit, worinnen nicht nur
der Bau des Auges genau beschrieben wird, sondern
auch Vorsichtsregeln zur Erhaltung des Gesichts
gegeben sind, und wie man sich bei Schwäche der
Augen, bei Entzündungen, mit Rücksicht auf neu-
geborne Kinder, und bei andern Augenfehlern, sie
mögen durch Mißbrauch dieses Organs, durch Aus-
schweifung in der Liebe oder andere Ursachen ent-
standen seyn, zu verhalten habe, nebst den untrüg-
lichsten Mitteln, wie man sich nicht allein davon
befreien, sondern auch das Schielen der Kinder ver-
hüten und entfernen könne. Zweite verbesserte Auflage. 8. 1823. geh. 6 gr.

Sander, H., von der Güte und Weisheit Gottes in
der Natur. Ein Buch zur Belehrung und Erbau-
ung für Menschen, welche die Natur und Gott
aus derselben kennen lernen wollen. 5e verbesserte
Aufl. 8. 1820. 21 gr.

Weishaupt, A., das verbesserte System der Illumina-
ten, mit allen seinen Graden und Einrichtungen.
Neue und verm. Aufl. 8. 1788. 1 thlr. 8 gr.

Wolff, M. J. H., die jungen Weltkenner, oder die
Welt im Kleinen; ein Bilderbuch, technologischen,
geographischen, naturhistorischen und moralischen
Inhalts, zur nöthigen Kenntniß für Kinder. Mit
244 colorirten Abbildungen. 8. geh. 1 thlr. 12 gr.

Romane.

Ademar, Ritter, von Bourbon, oder die Bewohner
des weißen Felsen. Nach A. Porter frei bearbeitet

von W. v. Gersdorf. Ein Seitenstück zu dem Ritter der rothen Rose. 2 Bde. 8. 1823.   2 thlr.
(A. u. d. T. Erzählungen v. W. Gersdorf. 5r 6r Bd.)
Asseburg, die. Historisch-romantisches Gemälde, dramatisirt von A. Klingemann. 2 Bde. Mit Kupfrn. 2e verb. Aufl 8. 1819.   2 thlr.
Beherrscher, der, der Eilande, in 6 Dichtungen von W. Scott, bearbeitet v. F. P. E. Richter. 8. 1822.
                                                         1 thlr. 6 gr.
Braut, die todte, und die erste Liebe. Erzählungen von Charl. Pfeiffer. 8. 1824. (siehe: Gemälde. 1r Bd.)   22 gr.
Churfürst Friedrich V. v. der Pfalz, König von Böhmen, und seine Getreuen. Ein romantisches Gemälde der Vorzeit von W. von Gersdorf. 8. 1823.
                                                     1 thlr. 12 gr.
(Auch unter dem Titel: Erzählungen. 4r Bd.)
Circe, die, von Glas-Llyn. Ein Roman, nach W. Scott bearbeitet von H. K. L. Reinhardt. 4 Bde. 8. 1r 2r Bd. 1822. 1 thlr. 12 gr. 3r 4r Band. 1823. 2 thlr. complet   3 thlr. 12 gr.
Erzählungen von Wilhelmine von Gersdorf. 8 Bde. 8. 1821—24.   8 thlr. 18 gr.
(1r Bd. die Feuerlilien- und Schwertlilienburg ꝛc. 1821. 1 thlr. 2r Bd. 1822. 1 thlr. 6 gr. 3r Bd. die Pächterin von der langen Insel ꝛc. 1822. 1 thlr. 4r Bd. Churfürst Friedrich V. 1823. 1 thlr. 12 gr. 5r 6r Bd. Ritter Ademar. 1823. 2 thlr. 7r 8r Bd. Lidia. 1824. 2 thlr.)
Erzählungen und Romanzen von F. K. von Nidda. 2 Bde. 8. 1821. 1822.   3 thlr.
Eternelle, oder die Blindgeborne, ein romantisches Gemälde von W. v. Gersdorf. 2 Bde. N. A. 8. 1822.   2 thlr. 8 gr.
Gemälde aus Gegenwart und Vergangenheit, von Charlotte Pfeiffer. 1r Bd. 8. 1824.   22 gr.
(2r Bd. unter der Presse.)